Impressum
Verlag: BABADADA GmbH, Nedderfeld 112 , 22529 Hamburg
Geschäftsführer / Verlagsleitung: Harald Hof
Druck: Books on Demand GmbH, In de Tarpen 42, 22848 Norderstedt

Imprint
Publisher: BABADADA GmbH, Nedderfeld 112 , 22529 Hamburg, Germany
Managing Director / Publishing direction: Harald Hof
Print: Books on Demand GmbH, In de Tarpen 42, 22848 Norderstedt

学校

okul

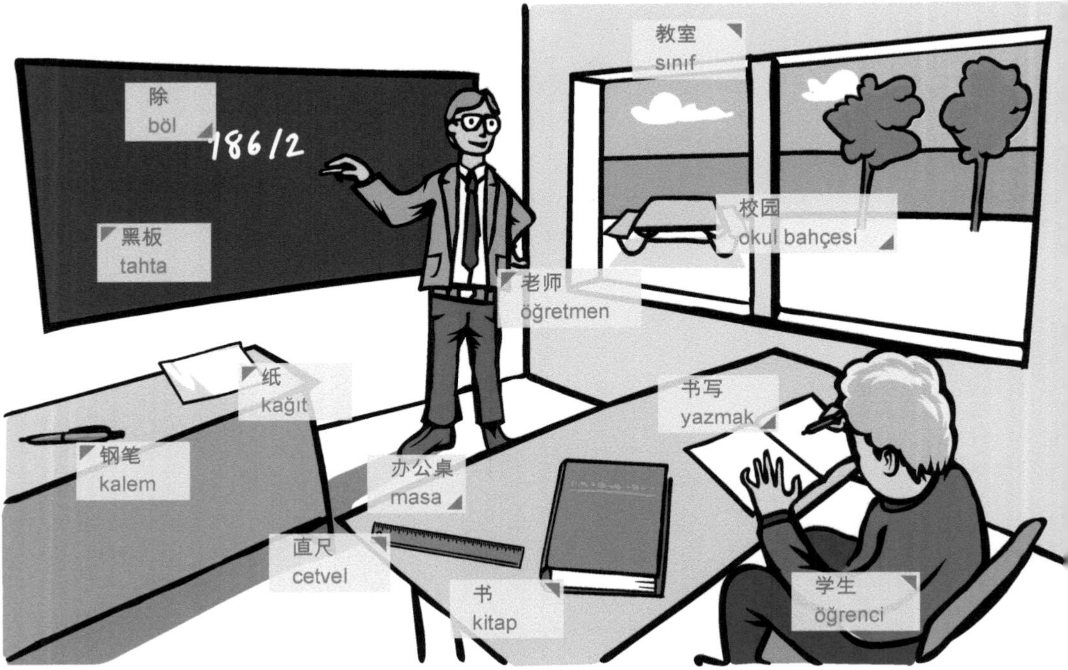

教室
sınıf
除
böl
186/2
黑板
tahta
校园
okul bahçesi
老师
öğretmen
纸
kağıt
书写
yazmak
钢笔
kalem
办公桌
masa
直尺
cetvel
书
kitap
学生
öğrenci

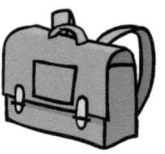

书包

okul çantası

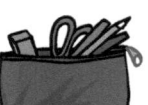

铅笔盒

kalemlik

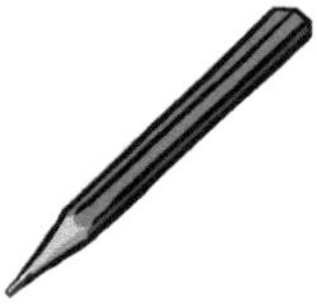

铅笔

kurşun kalem

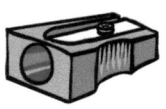

卷笔刀

kalem açacağı

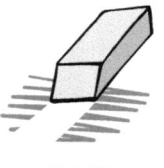

橡皮擦

silgi

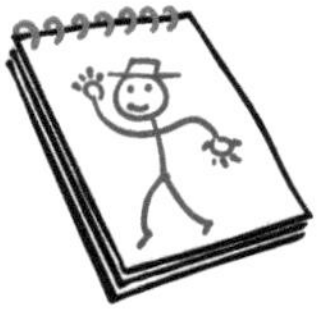

画板

çizim defteri

图画
çizim

画笔
resim fırçası

颜料盒
boya kutusu

剪刀
makas

胶水
tutkal

练习册
alıştırma kitabı

家庭作业
ödev

数字
sayı

加
ekle

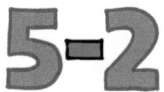

减
çıkar

乘
çarp

计算
hesapla

字母
harf

字母表
alfabe

字
kelime

课文

metin

读

okumak

粉笔

tebeşir

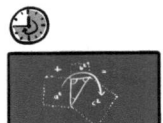

上课

ders

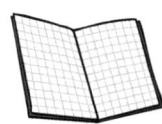

登记

kayıt

考试

sınav

证书

sertifika

校服

okul forması

教育

eğitim

百科全书

ansiklopedi

大学

üniversite

显微镜

mikroskop

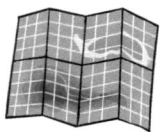

地图

harita

废纸筐

kağıt çöp kutusu

旅行

seyahat

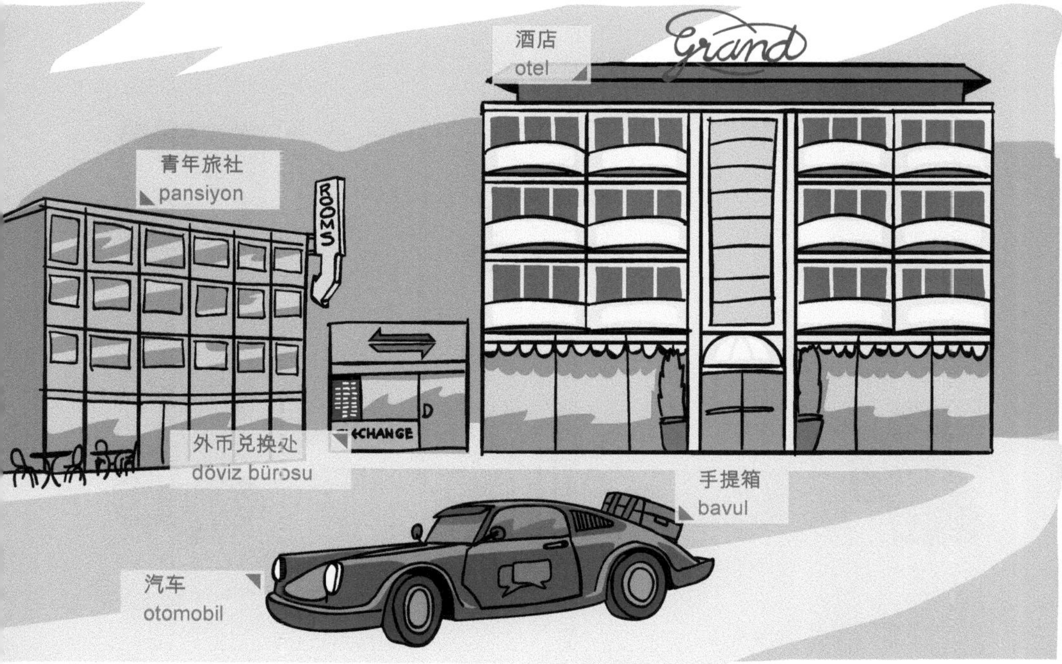

酒店
otel
Grand
青年旅社
pansiyon
ROOMS
外币兑换处
döviz bürosu
EXCHANGE
手提箱
bavul
汽车
otomobil

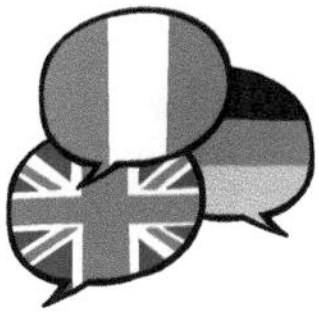

语言

dil

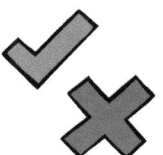

是/否

evet / hayır

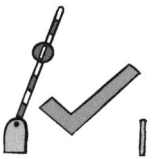

好的

Tamam

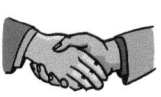

您好

merhaba

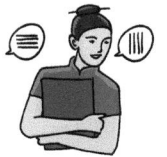

翻译员

çevirmen

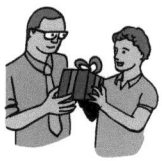

谢谢

Teşekkür ederim

......多少钱？

bu ... ne kadar?

我不明白

anlamadım

问题

problem

晚上好！

İyi akşamlar!

早上好！

Günaydın!

晚安！

İyi geceler!

再见

güle güle

方向

yön

行李

bagaj

包

çanta

双肩包

sırt çantası

客人

misafir

房间

oda

睡袋

uyku tulumu

帐篷

çadır

旅游信息
turist danışma

海滩
sahil

信用卡
kredi kartı

早餐
kahvaltı

午餐
öğle yemeği

晚餐
akşam yemeği

票
Bilet

电梯
asansör

邮票
pul

边界
sınır

海关
gümrük

大使馆
elçilik

签证
vize

护照
pasaport

交通运输

ulaşım

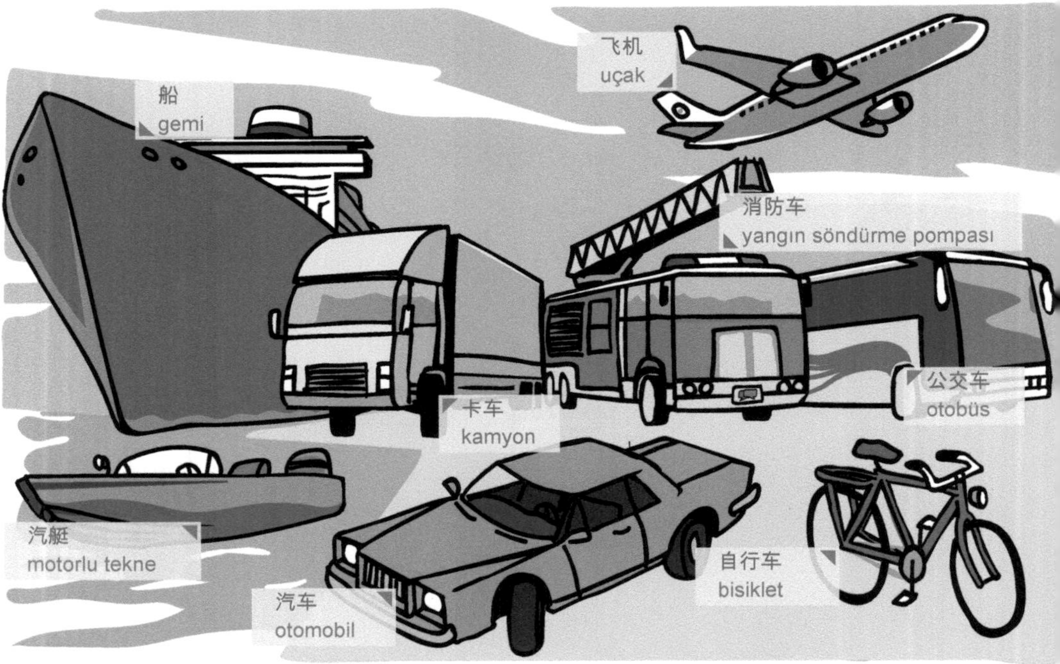

飞机
uçak
船
gemi
消防车
yangın söndürme pompası
公交车
otobüs
卡车
kamyon
汽艇
motorlu tekne
自行车
bisiklet
汽车
otomobil

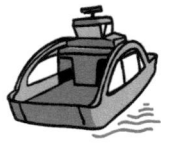

摆渡船

feribot

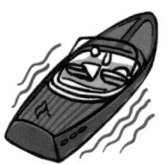

小船

bot

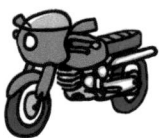

摩托车

motosiklet

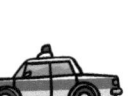

警车

polis arabası

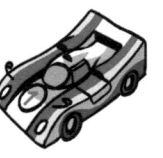

赛车

yarış arabası

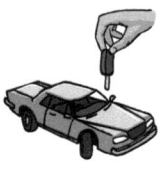

租车

kiralık araba

拼车
ortak araba

拖车
çekici

垃圾车
çöp kamyonu

发动机
motor

汽油
yakıt

加油站
benzinlik

交通标志
trafik işareti

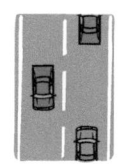

交通
trafik

交通堵塞
trafik sıkışıklığı

停车场
otopark

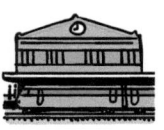

火车站
tren istasyonu

轨道
ray

火车
tren

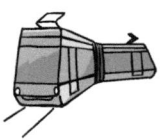

电车
tramvay

货车
vagon

直升机

helikopter

机场

havaalanı

塔

kule

乘客

yolcu

集装箱

konteyner

纸板箱

koli

手推车

yük arabası

篮子

sepet

起飞/降落

kalkış / iniş

城市

şehir

村庄

köy

市中心

şehir merkezi

房子

ev

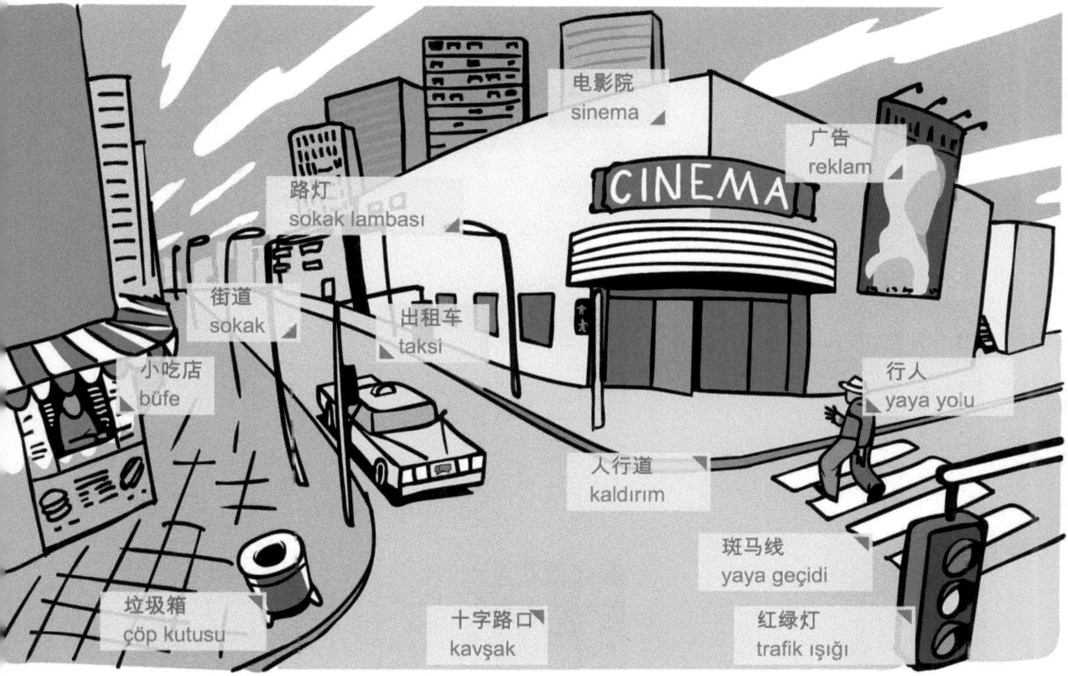
CINEMA
电影院
sinema
广告
reklam
路灯
sokak lambası
街道
sokak
出租车
taksi
小吃店
büfe
行人
yaya yolu
人行道
kaldırım
斑马线
yaya geçidi
垃圾箱
çöp kutusu
十字路口
kavşak
红绿灯
trafik ışığı

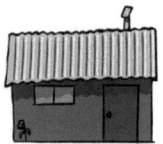

小屋

kulübe

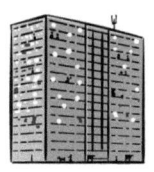

公寓

apartman dairesi

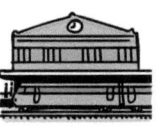

火车站

tren istasyonu

市政厅

belediye binası

MUSEUM

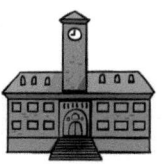

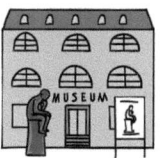

博物馆

müze

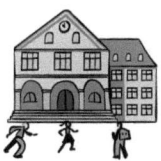

学校

okul

大学
üniversite

银行
banka

医院
hastane

酒店
otel

药房
eczane

办公室
ofis

书店
kitapçı

商店
mağaza

花店
çiçekçi

超市
süpermarket

市场
market

百货商店
büyük mağaza

鱼店
balık satıcısı

购物中心
alışveriş merkezi

海港
liman

公园

park

长凳

bank

桥

köprü

楼梯

merdiven

地铁

metro

隧道

tünel

公交车站

otobüs durağı

酒吧

bar

餐馆

restoran

邮筒

posta kutusu

路标

sokak tabelası

停车计时器

otopark sayacı

动物园

hayvanat bahçesi

游泳馆

yüzme havuzu

清真寺

cami

农场
çiftlik

污染
kirlilik

墓地
mezarlık

教堂
kilise

操场
oyun alanı

寺庙
tapınak

地形
arazi

树叶
yaprak

指示牌
yön tabelası

路
yol

草地
çayır

石头
taş

树
ağaç

徒步旅行者
yürüyüşçü

河
ırmak

草
çimen

花
çiçek

峡谷
vadi

山
tepe

湖
göl

森林
orman

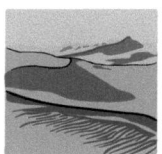

沙漠
çöl

火山
volkan

城堡
kale

彩虹
gökkuşağı

蘑菇
mantar

棕榈树
palmiye

蚊子
sivrisinek

苍蝇
sinek

蚂蚁
karınca

蜜蜂
arı

蜘蛛
örümcek

甲虫

böcek

青蛙

kurbağa

松鼠

sincap

刺猬

kirpi

野兔

yabani tavşan

猫头鹰

baykuş

鸟

kuş

天鹅

kuğu

野猪

yaban domuzu

鹿

geyik

麋鹿

geyik

水坝

baraj

风力发电机

rüzgar türbini

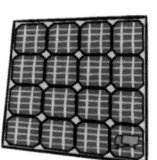

太阳能电池板

güneş paneli

气候

iklim

服务员
garson

菜单
menü

椅子
sandalye

披萨饼
pizza

汤
çorba

桌布
masa örtüsü

餐具
çatal - bıçak

前菜
başlangıç

主菜
ana yemek

甜点
tatlı

饮料
içecekler

食物
yemek

瓶子
şişe

快餐

fastfood

街边小吃

sokak yemeği

茶壶

çaydanlık

糖盒

şekerlik

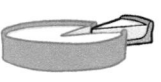

一份饭菜

porsiyon

意式咖啡机

espresso makinesi

高脚椅

mama sandalyesi

账单

fatura

托盘

tepsi

刀

bıçak

餐叉

çatal

勺子

kaşık

茶匙

çay kaşığı

餐巾

servis peçetesi

玻璃杯

bardak

碟子

tabak

汤盘

çorba kasesi

碟子

fincan altlığı

酱

sos

盐瓶

tuzluk

胡椒磨

karabiber değirmeni

醋

sirke

食用油

yağ

调味料

baharat

番茄酱

ketçap

芥末

hardal

蛋黄酱

mayonez

超市
süpermarket

特价
özel teklif
FOR
顾客
müşteri
乳制品
süt ürünleri
水果
meyve
购物车
alışveriş arabası

BUTCHERS

肉铺

kasap

BAKERY

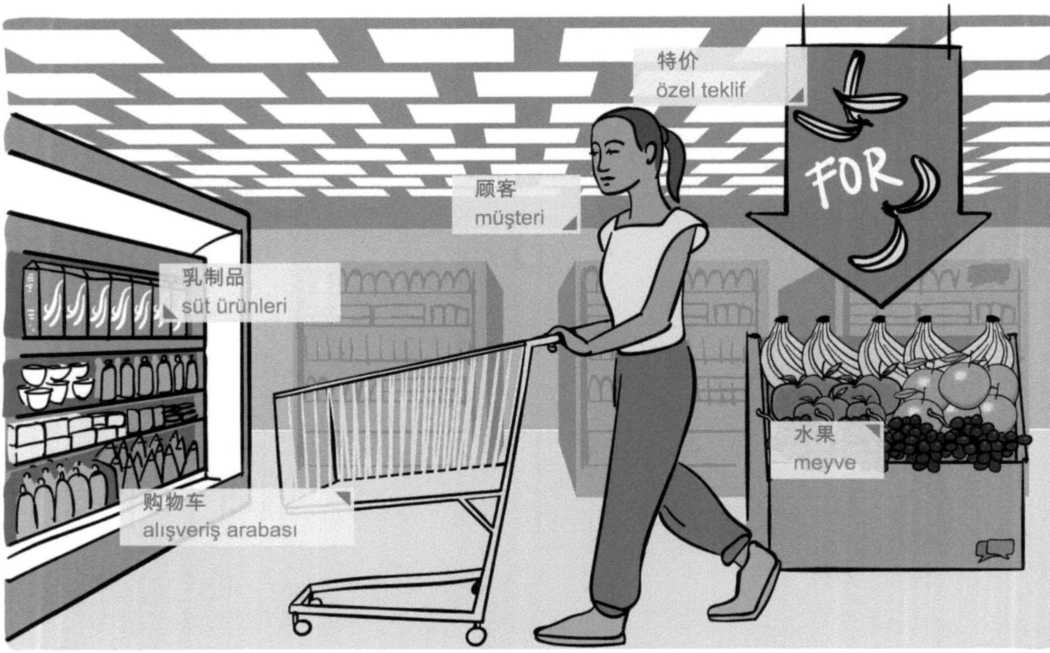

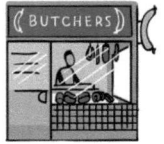

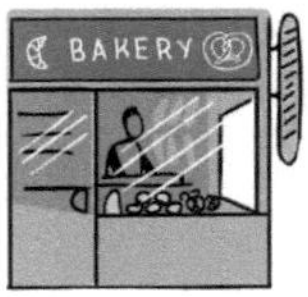

面包房

fırın

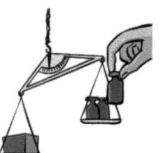

称重

tartmak

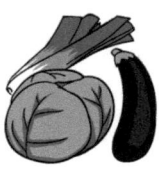

蔬菜

sebze

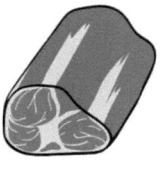

肉

et

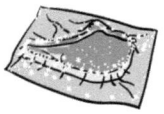

冷冻食品

donmuş gıda

冷盘

söğüş et

罐头食品

konserve yiyecek

洗衣粉

toz deterjan

甜食

şekerlemeler

日用品

ev temizlik ürünleri

清洁用品

temizlik ürünleri

销售员

satış görevlisi

收银机

yazar kasa

收银员

kasiyer

购物清单

alışveriş listesi

开放时间

açılış saatleri

钱包

cüzdan

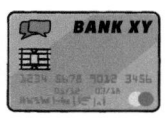

信用卡

kredi kartı

袋子

çanta

塑料袋

plastik poşet

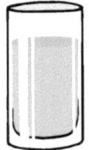

水

su

果汁

meyve suyu

牛奶

süt

可乐

kola

红酒

şarap

啤酒

bira

酒

alkol

可可

kakao

茶

çay

咖啡

kahve

意式浓缩咖啡

espresso

卡布奇诺

kapuçino

香蕉

muz

苹果

elma

橙子

portakal

西瓜

kavun

柠檬

limon

胡萝卜

havuç

大蒜

sarımsak

竹子

bambu

洋葱

soğan

蘑菇

mantar

坚果

çerez

面条

makarna

意大利面条

spagetti

米饭

pirinç

沙拉

salata

薯条

cips

炸土豆

patates kızartması

披萨饼

pizza

汉堡包

hamburger

三明治

sandviç

炸猪排

şinitzel

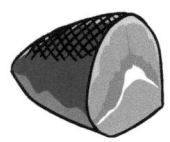

火腿

pastırma

萨拉米

salam

香肠

sosis

鸡肉

tavuk

烤肉

rosto

鱼

balık

燕麦片

yulaf ezmesi

穆兹利

müsli

玉米片

mısır gevreği

面粉

un

羊角面包

kruvasan

面包卷

küçük ekmek

面包

ekmek

烤面包

tost

饼干

bisküvi

黄油

tereyağı

凝乳

kaymak

蛋糕

kek

蛋

yumurta

煎蛋

sahanda yumurta

奶酪

peynir

食物 - yemek

冰激凌

dondurma

糖

şeker

蜂蜜

bal

果酱

reçel

巧克力酱

fındık ezmesi

咖喱饭

köri

农舍
çiftlik evi

粮仓
tahıl ambarı

稻草捆
sap toplama makinesi

田野
tarla

马
at

拖车
römork

马驹
tay

拖拉机
traktör

驴
eşek

羊
koyun

羔羊
kuzu

山羊

keçi

奶牛

inek

牛犊

buzağı

猪

domuz

小猪

domuz yavrusu

公牛

boğa

鹅

kaz

鸭

ördek

小鸡

civciv

母鸡

tavuk

公鸡

horoz

鼠

sıçan

猫

kedi

老鼠

fare

牛

öküz

狗

köpek

狗屋

köpek kulübesi

花园浇水软管

bahçe hortumu

洒水壶

sulama kabı

长柄大镰刀

tırpan

犁

pulluk

镰刀
orak

锄头
çapa

长柄草耙
dirgen

斧头
balta

独轮手推车
el arabası

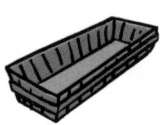

饲料槽
yemlik

牛奶罐
süt kovası

麻布袋
çuval

栅栏
çit

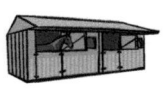

马厩
ahır

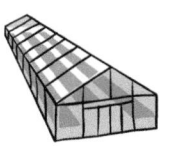

温室
sera

土壤
toprak

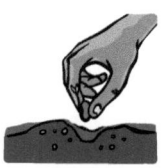

种子
tohum

肥料
gübre

联合收割机
biçerdöver

收割

hasat etmek

收割

harman

山药

tatlı patates

小麦

buğday

大豆

soya

土豆

patates

玉米

mısır

油菜籽

kolza

果树

meyve ağacı

树薯

manyok

谷物

hububat

房子

ev

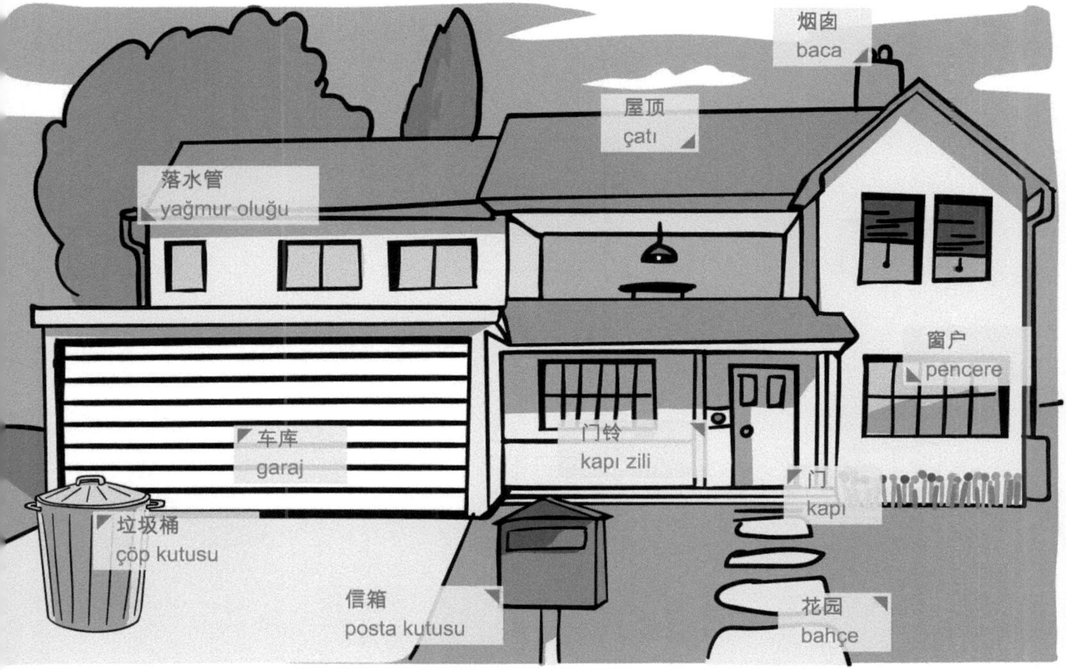

烟囱
baca
屋顶
çatı
落水管
yağmur oluğu
窗户
pencere
车库
garaj
门铃
kapı zili
门
kapı
垃圾桶
çöp kutusu
信箱
posta kutusu
花园
bahçe

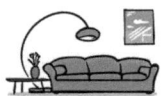

客厅

oturma odası

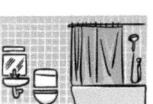

浴室

banyo

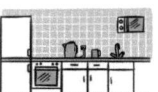

厨房

mutfak

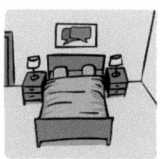

卧室

yatak odası

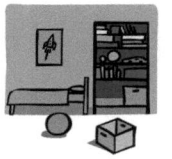

儿童房

çocuk odası

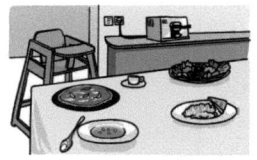

餐厅

yemek odası

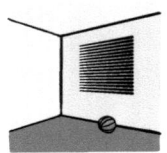

地板
zemin

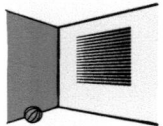

墙壁
duvar

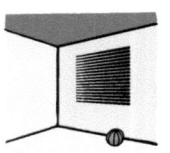

吊顶
tavan

地窖
kiler

桑拿
sauna

阳台
balkon

露台
teras

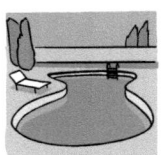

游泳池
havuz

割草机
çim biçme makinesi

被单
çarşaf

床罩
yatak örtüsü

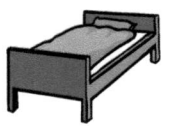

床
yatak

扫帚
süpürge

水桶
kova

开关
anahtar

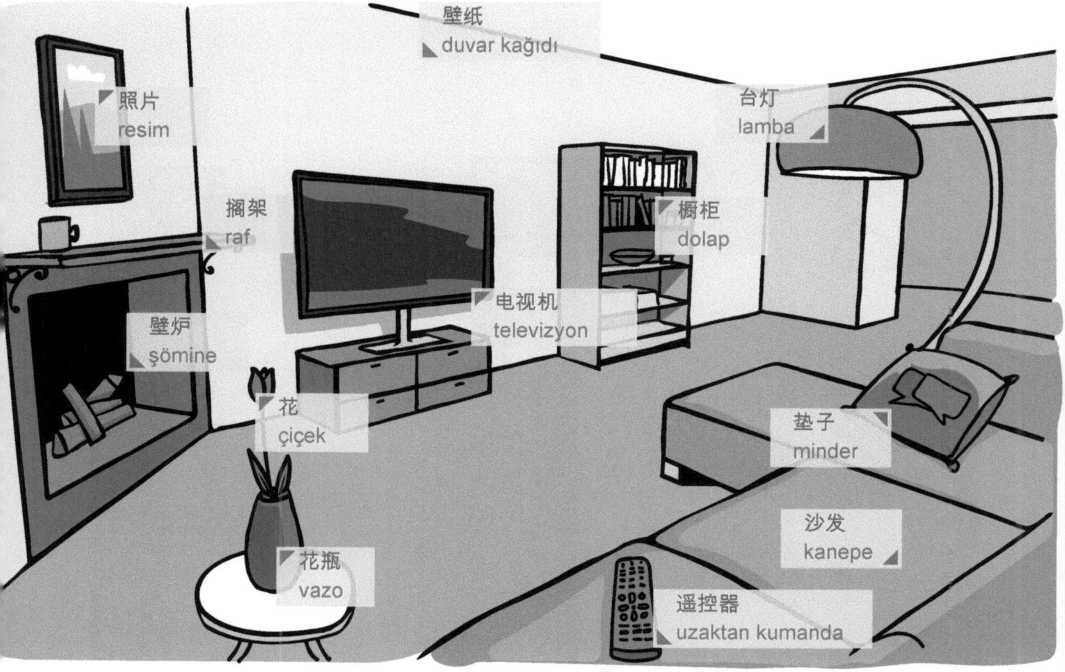

壁纸
duvar kağıdı

照片
resim

台灯
lamba

搁架
raf

橱柜
dolap

电视机
televizyon

壁炉
şömine

花
çiçek

垫子
minder

沙发
kanepe

花瓶
vazo

遥控器
uzaktan kumanda

地毯
halı

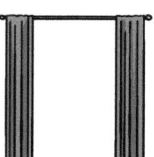

窗帘
perde

餐桌
masa

椅子
sandalye

摇椅
salıncaklı koltuk

扶手椅
koltuk

书

kitap

毯子

battaniye

装饰品

dekor

木柴

odun

电影

film

高保真音响

hi-fi

钥匙

anahtar

报纸

gazete

油画

tablo

海报

poster

收音机

radyo

笔记本

defter

吸尘器

elektrikli süpürge

仙人掌

kaktüs

蜡烛

mum

厨房
mutfak

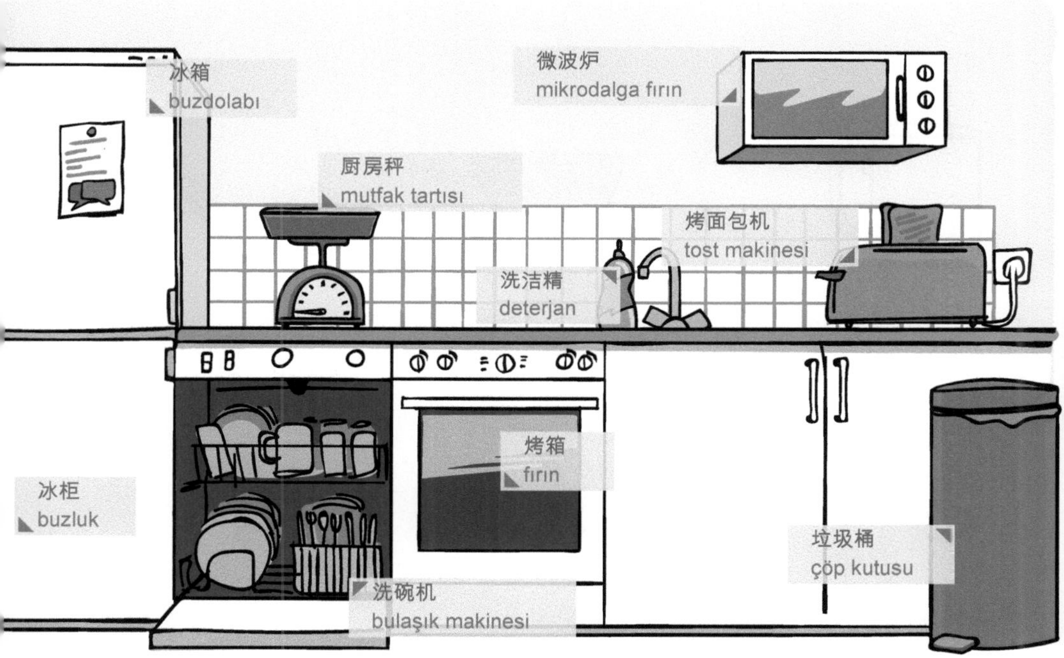

冰箱
buzdolabı
微波炉
mikrodalga fırın
厨房秤
mutfak tartısı
烤面包机
tost makinesi
洗洁精
deterjan
烤箱
fırın
冰柜
buzluk
垃圾桶
çöp kutusu
洗碗机
bulaşık makinesi

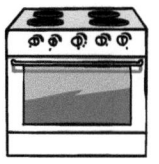

炊具

ocak

锅

tencere

铸铁锅

döküm tencere

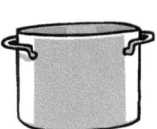

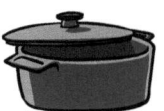

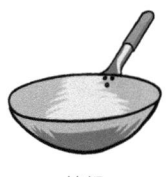

炒锅

wok

平底锅

tava

水壶

su ısıtıcı

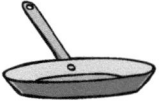

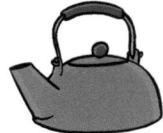

蒸锅

buharlı pişirici

烤盘

pişirme tepsisi

陶瓷锅

tabak takımı

马克杯

kupa

碗

kase

筷子

çubuk (çin yemeği)

长柄勺

kepçe

铲子

spatula

搅拌器

çırpma teli

滤网

süzgeç

筛子

elek

磨碎机

rende

研钵

havan

烧烤

barbekü

明火

açık ateş

菜板

kesme tahtası

擀面杖

merdane

开瓶器

tirbüşon

罐子

konserve kutusu

开罐器

konserve açacağı

隔热手套

fırın eldiveni

水槽

evye

刷子

fırça

海绵

sünger

搅拌机

blender

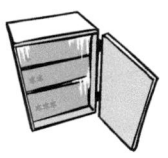

冷藏箱

derin dondurucu

奶瓶

biberon

水龙头

musluk

浴室

banyo

供暖设备
ısıtma

淋浴
duş

毛巾
havlu

浴帘
duş perdesi

泡沫浴
köpük banyosu

浴缸
küvet

玻璃杯
bardak

洗衣机
çamaşır makinesi

水龙头
musluk

瓷砖
fayans

便壶
lazımlık

水槽
evye

厌所
tuvalet

蹲便器
alaturka tuvalet

坐浴器
bide

小便池
pisuvar

厕纸
tuvalet kağıdı

马桶刷
tuvalet fırçası

牙刷
diş fırçası

牙膏
diş macunu

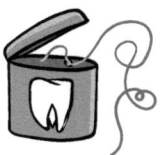

牙线
diş ipi

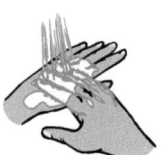

洗
yıkamak

手持式喷淋头
duş başlığı

冲洗器
duş başlığı şeklinde taharet
musluğu

洗脸盆
küvet

擦背刷
banyo fırçası

肥皂
sabun

沐浴露
duş jeli

洗发水
şampuan

法兰绒
banyo lifi

排水
gider

乳霜
krem

除臭剂
deodorant

浴室 - banyo

镜子

ayna

手镜

el aynası

剃须刀

jilet

剃须泡沫

tıraş köpüğü

须后水

tıraş losyonu

梳子

tarak

刷子

fırça

吹风机

saç kurutma makinesi

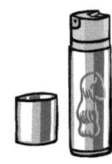

喷发定型剂

saç spreyi

化妆品

makyaj

唇膏

ruj

指甲油

tırnak cilası

化妆棉

pamuk

指甲剪

tırnak makası

香水

parfüm

洗漱包

makyaj çantası

凳子

tabure

计重秤

tartı

浴袍

bornoz

橡胶手套

lastik eldiven

卫生棉条

tampon

卫生巾

kadın pedi

化学厕所

kimyevi tuvalet

儿童房

çocuk odası

闹钟
çalar saat
毛绒玩具
peluş oyuncak
玩具车
oyuncak araba
拨浪鼓
çıngırak
玩具屋
bebek evi
礼物
hediye

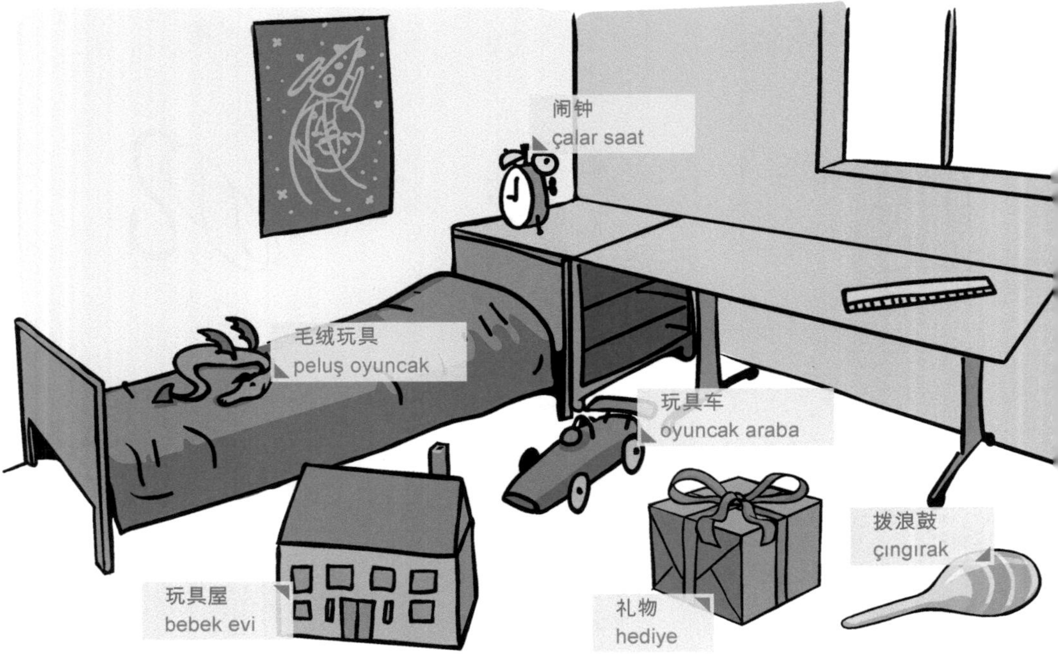

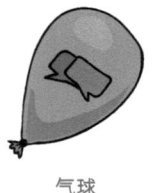

气球

balon

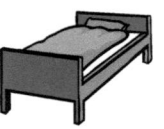

床

yatak

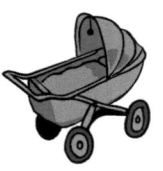

（洋娃娃用）婴儿车

bebek arabası

扑克牌

kart destesi

拼图

yapboz

SUPER
MEGA

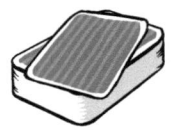

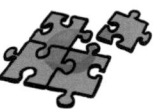

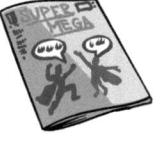

漫画

çizgi roman

乐高积木

lego tuğlaları

积木玩具

lego blokları

玩具人

aksiyon figürü

婴儿服

zıbın

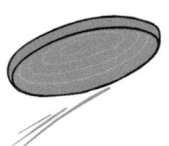

飞盘

frizbi

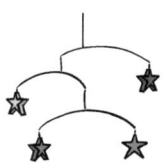

床铃玩具

dönence

棋盘游戏

masa oyunu

骰子

zar

火车模型

model tren seti

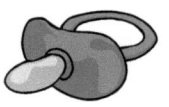

安抚奶嘴

emzik

聚会

parti

绘本

resimli kitap

球

top

洋娃娃

oyuncak bebek

玩

oynamak

沙坑

kum havuzu

秋千

salıncak

玩具

oyuncaklar

游戏机

video oyun konsolu

三轮车

üç tekerlekli bisiklet

泰迪熊

oyuncak ayı

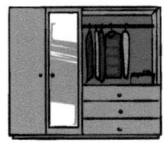

衣柜

gardırop

衣服

kıyafet

袜子

çorap

长袜

külotlu çorap

紧身裤

tayt

围巾
eşarp

雨伞
şemsiye

T恤
tişört

皮带
kemer

靴子
bot

拖鞋
terlik

运动鞋
spor ayakkabı

凉鞋
sandalet

鞋
ayakkabı

雨靴
lastik çizme

内裤
külot

胸罩
sütyen

背心
yelek

衣服 - kıyafet

45

身体
dar bluz

裤子
pantolon

牛仔裤
kot pantolon

短裙
etek

女式衬衫
bluz

衬衫
gömlek

套头衫
kazak

卫衣
süveter

西装夹克
blazer

夹克
ceket

外套
mont

雨衣
yağmurluk

套装
kostüm

连衣裙
elbise

婚纱
gelinlik

西装

takım elbise

睡袍

gecelik

睡衣

pijama

莎丽

sari

头巾

baş örtüsü

包头巾

türban

波卡

burka

卡夫坦

kaftan

(阿拉伯式)长袍

çarşaf

泳衣

mayo

男式泳裤

erkek mayosu

短裤

şort

运动服

eşofman

围裙

önlük

手套

eldiven

纽扣
düğme

眼镜
gözlük

手链
bilezik

项链
kolye

戒指
yüzük

耳环
küpe

便帽
kep

衣架
portmanto

帽子
şapka

领带
kravat

拉链
fermuar

头盔
kask

背带
pantolon askısı

校服
okul forması

制服
üniforma

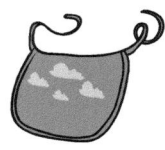

围兜

mama önlüğü

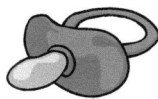

安抚奶嘴

emzik

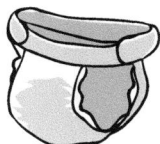

尿不湿

bebek bezi

办公室
ofis

服务器
sunucu
文件柜
dosya dolabı
打印机
yazıcı
显示屏
monitör
纸
kağıt
鼠标
fare
办公桌
masa
文件夹
klasör
键盘
klavye
废纸筐
kağıt çöp kutusu
电脑
bilgisayar
椅子
sandalye

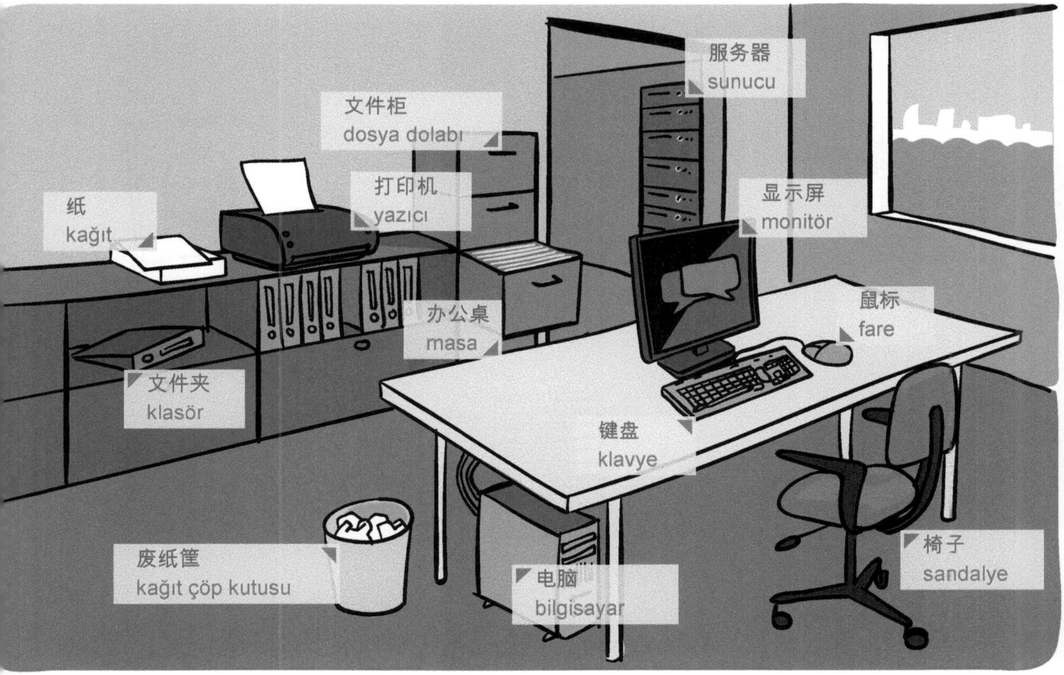

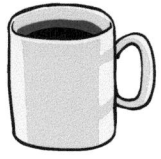

咖啡杯

kahve fincanı

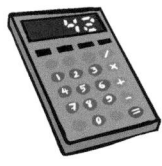

计算器

hesap makinesi

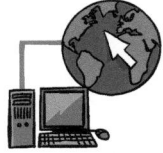

因特网

internet

笔记本电脑

dizüstü

信件

mektup

消息

mesaj

手机

cep telefonu

网络

ağ

复印机

fotokopi makinesi

软件

yazılım

电话

telefon

插座

priz

传真机

faks makinesi

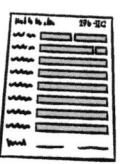

表格

form

文件

belge

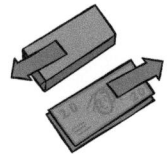

买
satın almak

付钱
ödemek

交易
ticaret yapmak

现金
para

美元
dolar

欧元
avro

日元
yen

卢布
ruble

瑞士法郎
İsviçre frangı

人民币
Çin yuanı

卢比
rupi

提款处
kasa

外币兑换处
döviz bürosu

金
altın

银
gümüş

石油
petrol

能源
enerji

价格
fiyat

合同
kontrat

税金
vergi

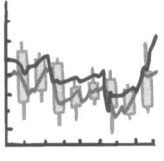

股票
menkul değer

工作
çalışmak

职员
işveren

老板
işçi

工厂
fabrika

商店
mağaza

meslekler

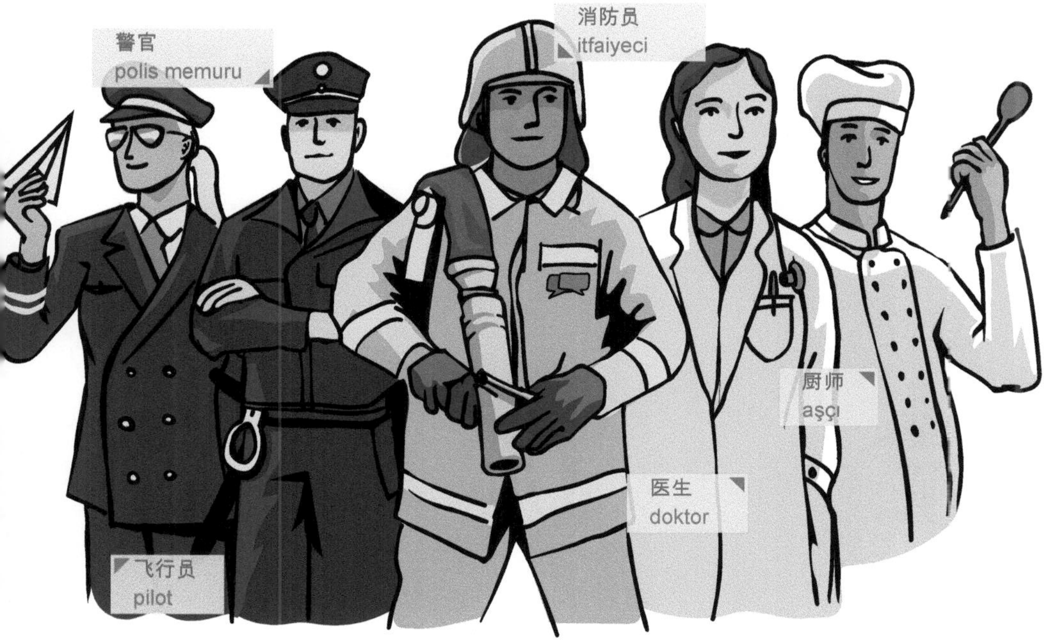

警官
polis memuru
消防员
itfaiyeci
厨师
aşçı
医生
doktor
飞行员
pilot

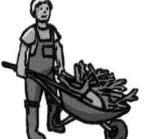

园丁

bahçıvan

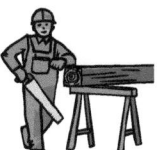

木匠

marangoz

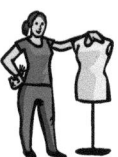

裁缝

terzi

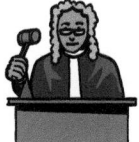

法官

hakim

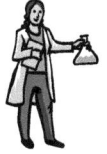

化学家

kimyager

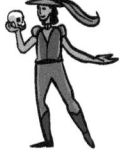

演员

aktör

公交车司机

otobüs şoförü

出租车司机

taksi şoförü

渔夫

balıkçı

清洁女工

temizlikçi

屋顶工

çatı ustası

服务员

garson

猎人

avcı

画家

boyacı

面包师

fırıncı

电工

elektrikçi

建筑工人

inşaatçı

工程师

mühendis

屠夫

kasap

水管工

muslukçu

邮递员

postacı

士兵

asker

建筑师

mimar

收银员

kasiyer

花农

çiçekçi

理发师

kuaför

售票员

kondüktör

机械师

tamirci

船长

kaptan

牙医

dişçi

科学家

bilim insanı

拉比

haham

伊玛目

imam

和尚

keşiş

牧师

rahip

工具
aletler

钳子
penseler
铁锤
çekiç
螺丝刀
tornavida
手电筒
el feneri
扳手
İngiliz anahtarı

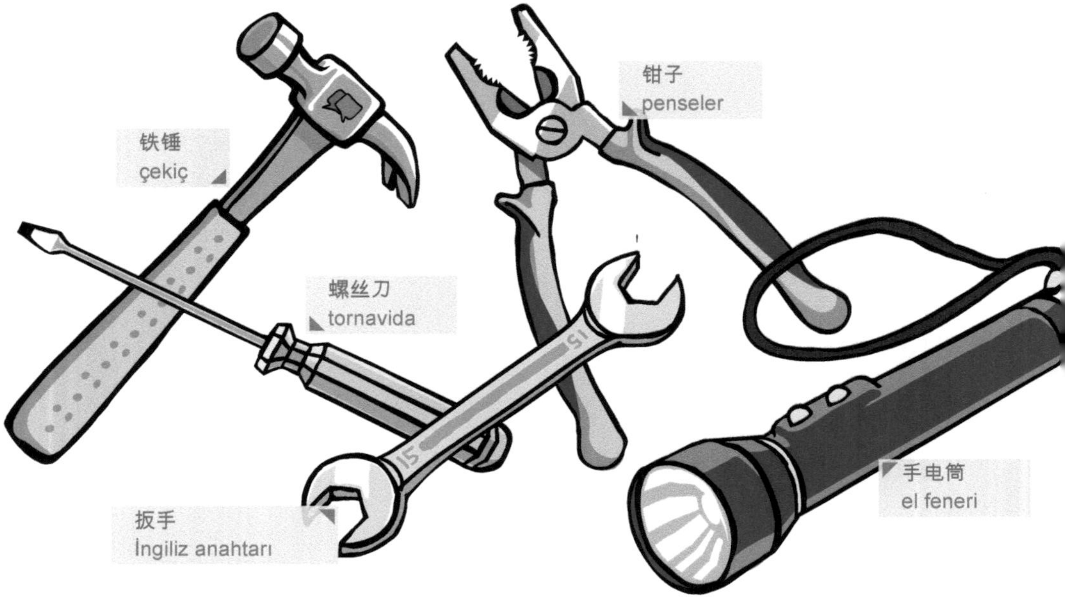

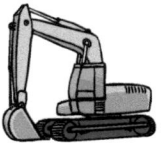

挖掘机
kazı makinesi

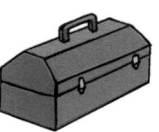

工具箱
alet çantası

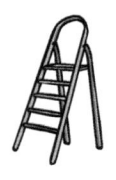

梯子
merdiven

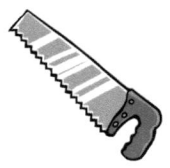

锯子
testere

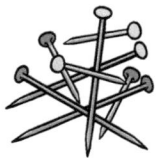

钉子
çiviler

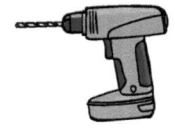

钻机
matkap

修
tamir etmek

铲子
kürek

靠！
Kahretsin!

簸箕
faraş

油漆桶
boya tenekesi

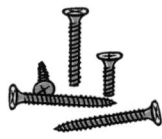

螺丝
vidalar

乐器
müzik enstrümanı

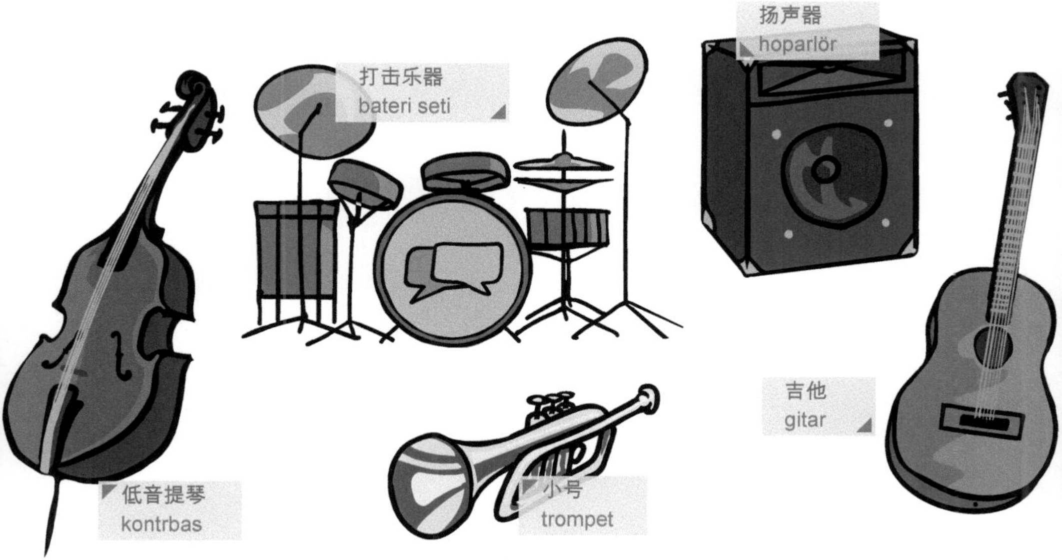

扬声器
hoparlör

打击乐器
bateri seti

吉他
gitar

低音提琴
kontrbas

小号
trompet

钢琴

piyano

小提琴

keman

贝斯

basgitar

定音鼓

timpani

鼓

bateri

电子琴

klavye

萨克斯管

saksafon

长笛

flüt

麦克风

mikrofon

hayvanat bahçesi

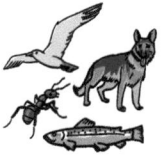

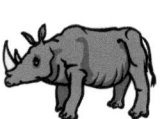

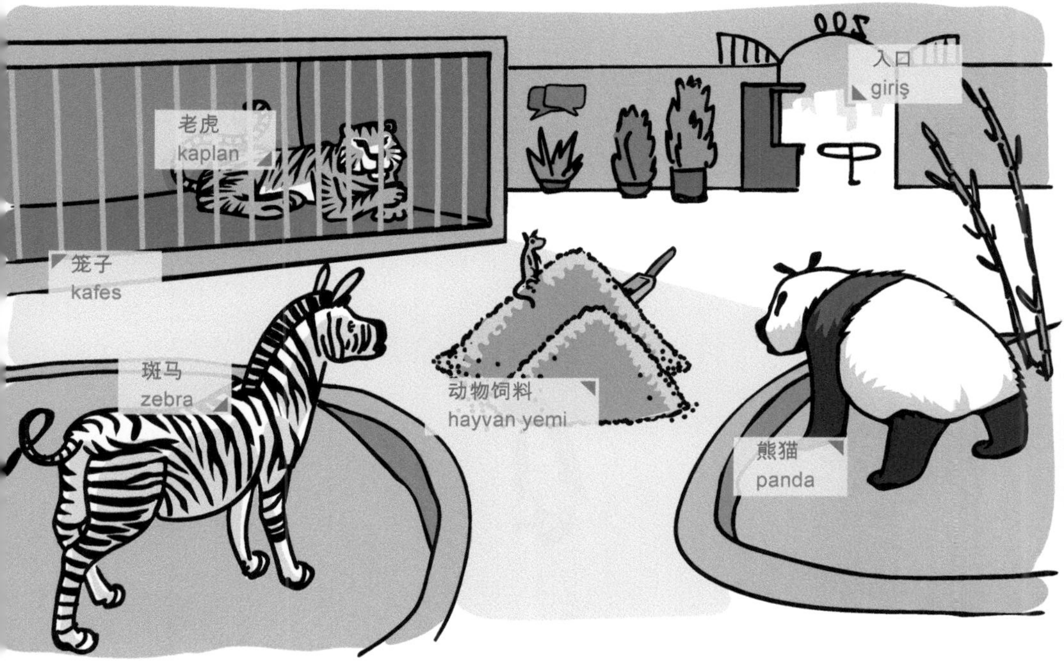

入口
giriş
老虎
kaplan
笼子
kafes
斑马
zebra
动物饲料
hayvan yemi
熊猫
panda

动物
hayvanlar

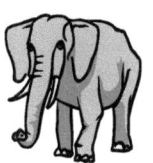

大象
fil

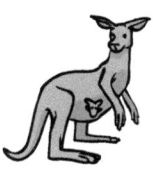

袋鼠
kanguru

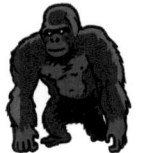

犀牛
gergedan

大猩猩
goril

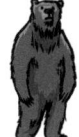

熊
ayı

骆驼

deve

鸵鸟

deve kuşu

狮子

aslan

猴子

maymun

火烈鸟

flamingo

鹦鹉

papağan

北极熊

kutup ayısı

企鹅

penguen

鲨鱼

köpek balığı

孔雀

tavus kuşu

蛇

yılan

鳄鱼

timsah

动物园管理员

hayvanat bahçesi görevlisi

海豹

fok

美洲豹

jaguar

矮种马

midilli atı

豹

leopar

河马

su aygırı

长颈鹿

zürafa

老鹰

kartal

野猪

yaban domuzu

鱼

balık

龟

kaplumbağa

海象

mors

狐狸

tilki

羚羊

ceylan

橄榄球
amerikan futbolu

骑自行车
bisiklete binme

网球
tenis

篮球
basketbol

游泳
yüzme

拳击
boks

冰球
buz hokeyi

英式足球
futbol

羽毛球
badminton

田径
atletizm

手球
hentbol

滑雪
kayak

马球
polo

活动

etkinlikler

笑
gülmek
跳
atlamak
拥抱
sarılmak
走路
yürümek
唱
söylemek
做梦
hayal etmek
祈祷
dua etmek
亲吻
öpmek

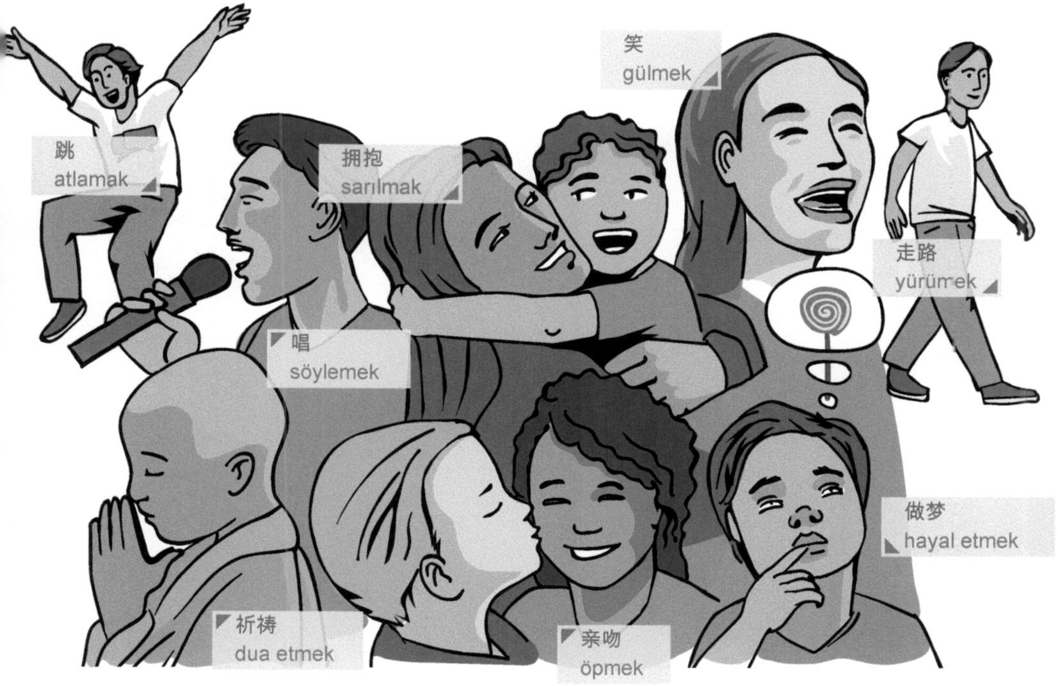

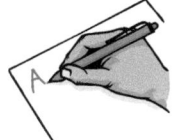

书写

yazmak

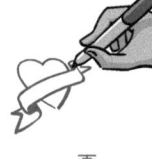

画

çizmek

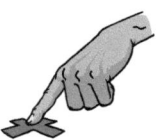

展示

göstermek

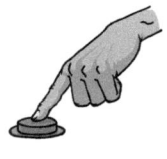

推

itmek

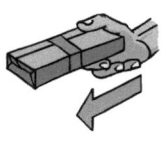

给

vermek

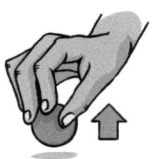

拿

almak

有
sahip olmak

做
yapmak

当
olmak

站
ayakta durmak

跑
koşmak

拉
çekmek

扔
atmak

摔倒
düşmek

躺
yalan söylemek

等待
beklemek

携带
taşımak

坐
oturmak

穿衣
giyinmek

睡觉
uyumak

醒来
uyanmak

看
bakmak

哭
ağlamak

抚摸
vurmak

梳头
taramak

交谈
konuşmak

明白
anlamak

问
sormak

听
dinlemek

喝
içmek

吃
yemek

清理
düzenlemek

爱
sevmek

做饭
pişirmek

开车
sürmek

飞
uçmak

航行

denize açılmak

计算

hesapla

读

okumak

学习

öğrenmek

工作

çalışmak

结婚

evlenmek

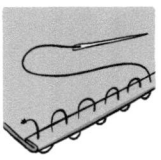

缝

dikmek

刷牙

diş fırçalamak

杀

öldürmek

抽烟

sigara içmek

寄

yollamak

祖母
büyükanne

祖父
büyükbaba

父亲
baba

母亲
anne

婴童
bebek

女儿
kız

儿子
oğul

客人

misafir

阿姨

teyze

叔叔

amca

兄弟

erkek kardeş

姐妹

kız kardeş

身体

vücut

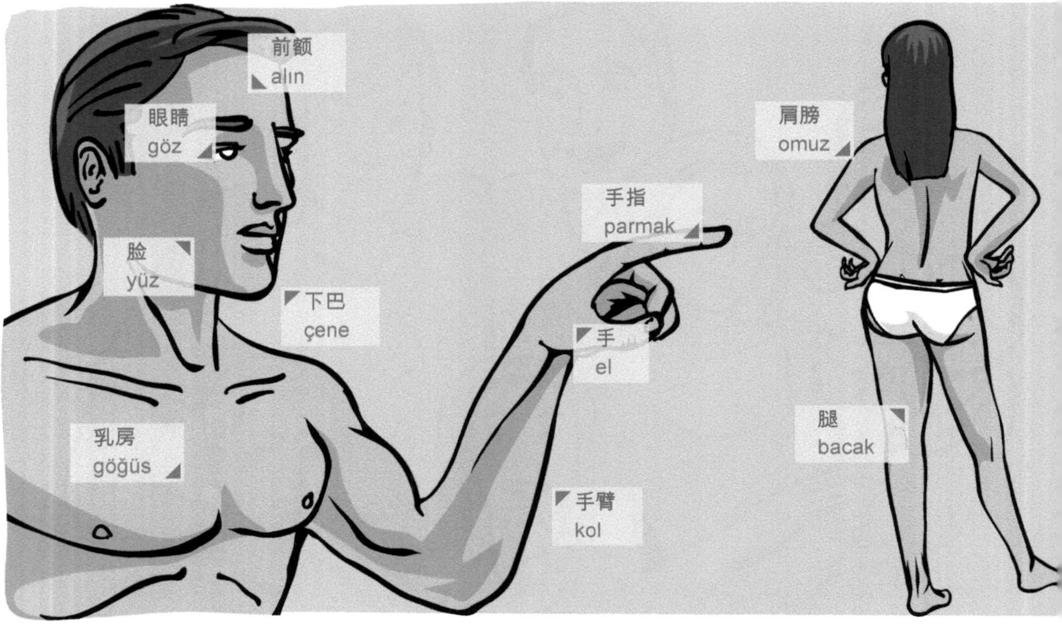

前额
alın

眼睛
göz

脸
yüz

下巴
çene

乳房
göğüs

手指
parmak

手
el

手臂
kol

肩膀
omuz

腿
bacak

婴童
bebek

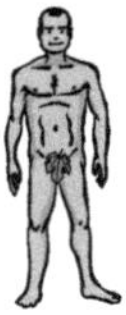

男人
adam

女人
kadın

女孩
kız

男孩
erkek çocuk

头
baş

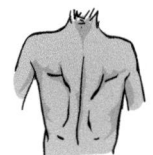

背部

sırt

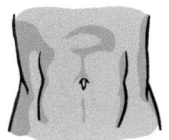

肚子

karın

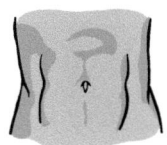

肚脐

göbek

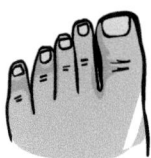

脚趾

ayak parmağı

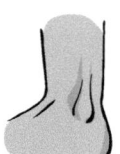

脚后跟

topuk

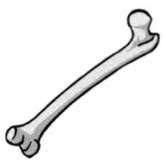

骨头

kemik

臀部

kalça

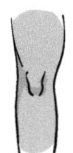

膝盖

diz

手肘

dirsek

鼻子

burun

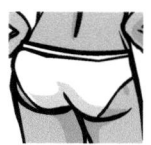

屁股

kalça

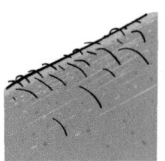

皮肤

deri

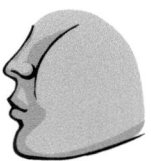

脸颊

yanak

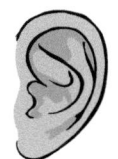

耳朵

kulak

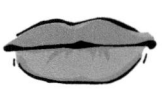

嘴唇

dudak

嘴
ağız

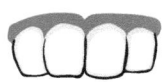

牙齿
diş

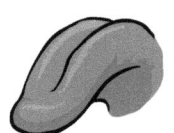

舌头
dil

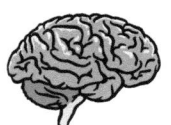

脑
beyin

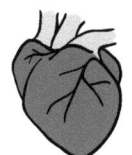

心脏
kalp

肌肉
kas

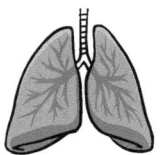

肺
akciğer

肝脏
karaciğer

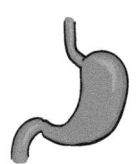

胃
mide

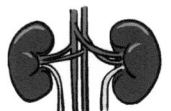

肾脏
böbrekler

性交
seks

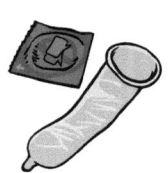

避孕套
prezervatif

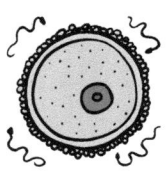

卵子
yumurtalık

精子
sperm

怀孕
hamilelik

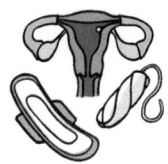

月经

regl

阴道

vajina

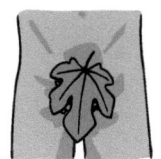

阴茎

penis

眉毛

kaş

头发

saç

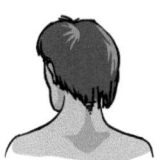

脖子

boyun

医院
hastane

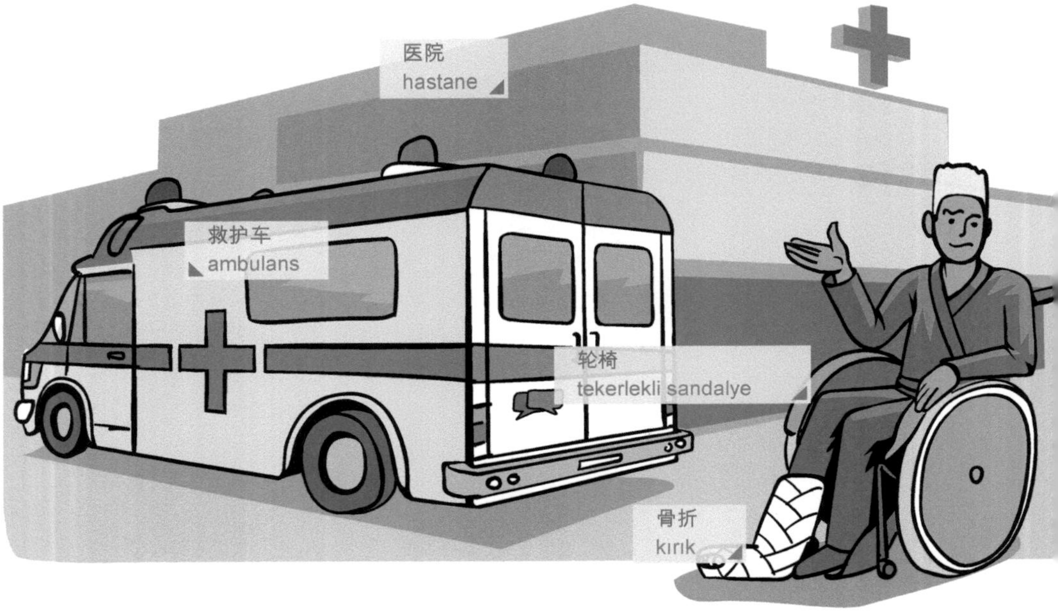

医院
hastane
救护车
ambulans
轮椅
tekerlekli sandalye
骨折
kırık

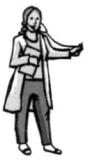

医生

doktor

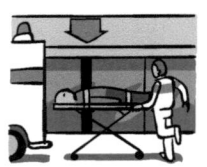

急诊室

acil servis

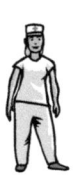

护士

hemşire

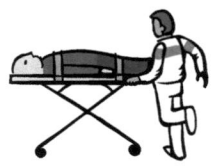

紧急情况

acil

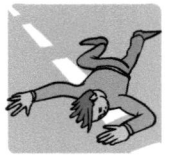

昏迷

baygın

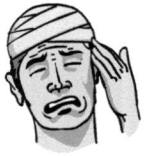

痛

acı

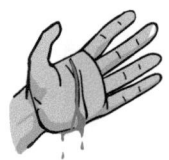

受伤

yaralanma

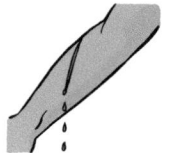

出血

kanama

心脏病发作

kalp krizi

中风

felç

过敏

alerji

咳嗽

öksürük

发烧

ateş

流感

grip

腹泻

ishal

头痛

baş ağrısı

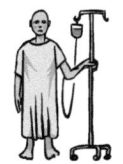

癌症

kanser

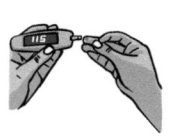

糖尿病

şeker hastalığı

外科医生

cerrah

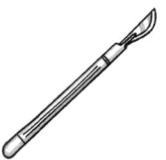

手术刀

neşter

手术

operasyon

医院 - hastane

CT

bilgisayarlı tomografi

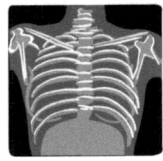

X光

röntgen

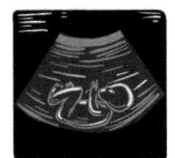

超声波

ultrason

口罩

yüz maskesi

疾病

hastalık

候诊室

bekleme odası

拐杖

koltuk değneği

石膏

yara bandı

绷带

bandaj

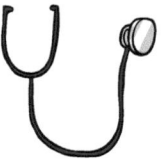

注射

enjeksiyon

听诊器

steteskop

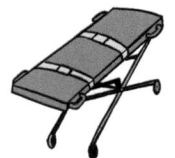

担架

sedye

体温计

tıbbi termometre

出生

doğum

超重

fazla kilo

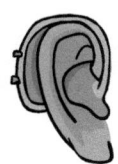

助听器

işitme cihazı

消毒液

dezenfektan

感染

enfeksiyon

病毒

virüs

艾滋病

HIV / AIDS

药物

ilaç

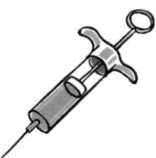

接种疫苗

aşı

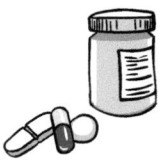

药片

tablet

药丸

hap

急救电话

acil çağrı

血压计

tansiyon aleti

生病/健康

hasta / sağlıklı

救命！
Imdat!

警报
alarm

突击
darp

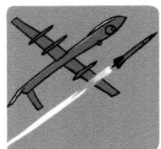

攻击
saldırı

危险
tehlike

紧急出口
acil çıkış

着火啦！
Yangın!

灭火器
yangın tüpü

意外
kaza

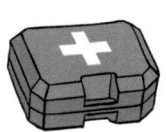

急救箱
ilk yardım çantası

呼救信号
imdat

警察
polis

欧洲

Avrupa

北美洲

Kuzey Amerika

南美洲

Güney amerika

非洲

Afrika

亚洲

Asya

澳洲

Avustralya

大西洋

Atlantik

太平洋

Pasifik

印度洋

Hint Okyanusu

南冰洋

Antarktika Okyanusu

北冰洋

Arktik Okyanusu

北极

Kuzey Kutbu

南极
Güney Kutbu

南极洲
Antarktika

地球
dünya

陆地
kara

海
deniz

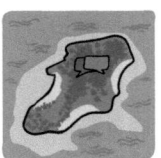

岛
ada

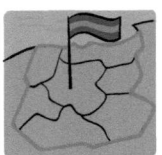

国家
ulus

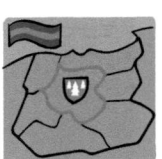

国家
ülke

钟面

kadran

时针

akrep

分针

yelkovan

秒针

saniye ibresi

现在几点？

Saat kaç?

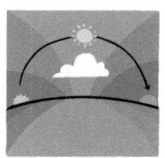

天

gün

时间

zaman

现在

şimdi

电子表

dijital saat

分

dakika

时

saat

周
hafta

周一 Pazartesi
周二 Salı
周三 Çarşamba
周四 Perşembe
周五 Cuma
周六 Cumartesi
周日 Pazar

昨天
dün

今天
bugün

明天
yarın

早晨
sabah

中午
öğle

晚上
akşam

工作日
iş günleri

周末
hafta sonu

雨
yağmur

彩虹
gökkuşağı

风
rüzgar

雪
kara

春
bahar

秋
sonbahar

夏
yaz

冬
kış

4.APRIL	11°	☀
5.APRIL	4°	☁
6.APRIL	13°	☁
7.APRIL	8°	❄
8.APRIL	10°	☀

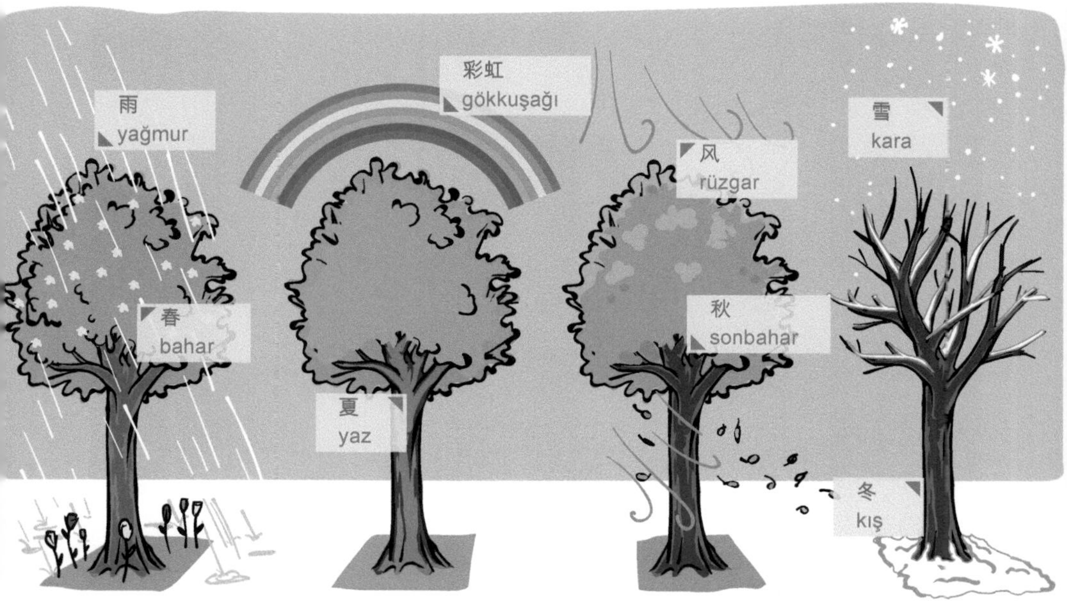

天气预报

hava durumu tahmini

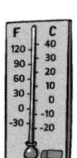

温度计

termometre

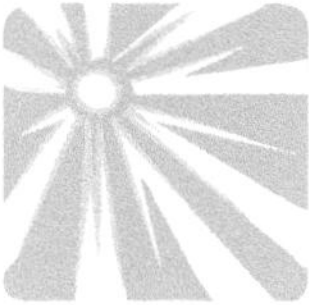

阳光

güneş ışığı

云

bulut

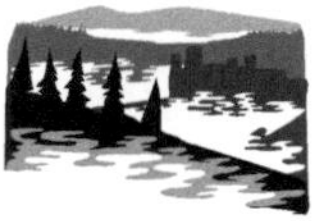

雾

sis

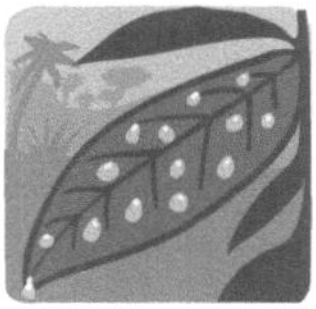

潮湿

nem

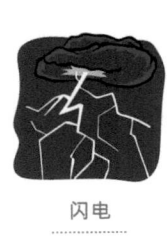

闪电

şimşek

打雷

gök gürültüsü

风暴

fırtına

冰雹

dolu

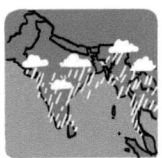

季风

muson

洪水

sel

冰

buz

一月

Ocak

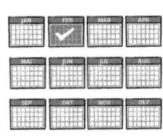

二月

Şubat

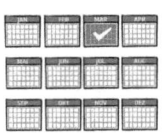

三月

Mart

四月

Nisan

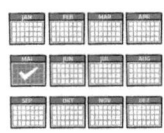

五月

Mayıs

六月

Haziran

七月

Temmuz

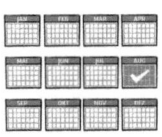

八月

Ağustos

年 - yıl

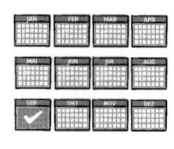

九月
....
Eylül

十月
....
Ekim

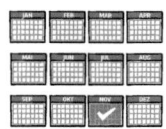

十一月
....
Kasım

十二月
....
Aralık

形状
şekiller

圆形
....
daire

正方形
....
kare

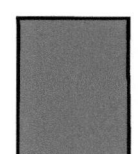

长方形
....
dikdörtgen

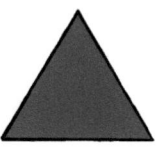

三角形
....
üçgen

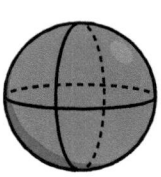

球体
....
küre

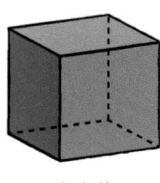

立方体
....
küp

白

beyaz

黄

sarı

橙

turuncu

粉

pembe

红

kırmızı

紫

mor

蓝

mavi

绿

yeşil

棕

kahverengi

灰

gri

黑

siyah

很多/少许
çok / az

生气/平静
kızgın / sakin

美/丑
güzel / çirkin

首/尾
başlangıç / son

大/小
büyük / küçük

明/暗
parlak / karanlık

兄弟/姐妹
erkek kardeş / kız kardeş

干净/肮脏
temiz / kirli

完整/缺失
tamam / eksik

白天/晚上
gün / gece

死/生
ölü / canlı

宽/窄
geniş / dar

可食用/非食用

yenilebilir / yenilemez

邪恶/善良

kötü / iyi

兴奋/无聊

heyecanlı / sıkılmış

胖/瘦

şişman / zayıf

第一/最后

ilk / son

朋友/敌人

dost / düşman

满/空

dolu / boş

硬/软

sert / yumuşak

重/轻

ağır / hafif

饿/渴

açlık / susuzluk

生病/健康

hasta / sağlıklı

非法/合法

yasa dışı / yasal

聪明/愚笨

zeki / aptal

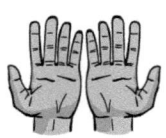

左/右

sol / sağ

近/远

yakın / uzak

新/旧
yeni / kullanılmış

没有/有些
hiçbir şey / bir şey

老/幼
yaşlı / genç

开/关
açma / kapama

打开/合上
açık / kapalı

安静/吵闹
sessiz / gürültülü

富/穷
zengin / fakir

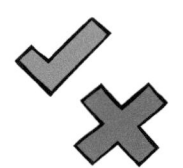

对/错
doğru / yanlış

粗糙/光滑
pürüzlü / düz

伤心/高兴
üzgün / mutlu

短/长
kısa / uzun

慢/快
yavaş / hızlı

湿/干
ıslak / kuru

温暖/凉爽
sıcak / serin

战争/和平
savaş / barış

0

零

sıfır

1

一

bir

2

二

iki

3

三

üç

4

四

dört

5

五

beş

6

六

altı

7

七

yedi

8

八

sekiz

9

九

dokuz

10

十

on

11

十一

on bir

12
十二
on iki

13
十三
on üç

14
十四
on dört

15
十五
on beş

16
十六
on altı

17
十七
on yedi

18
十八
on sekiz

19
十九
on dokuz

20
二十
yirmi

100
百
yüz

1.000
千
bin

1.000.000
百万
milyon

英语
İngilizce

美式英语
Amerikan İngilizcesi

普通话
Çince (Mandarin)

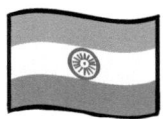

印地语
Hintçe

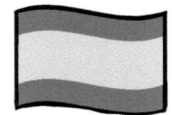

西班牙语
İspanyolca

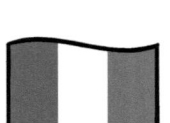

法语
Fransızca

阿拉伯语
Arapça

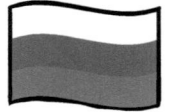

俄语
Rusça

葡萄牙语
Portekizce

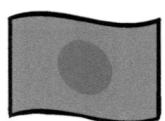

孟加拉语
Bengalce

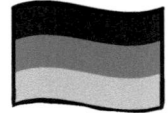

德语
Almanca

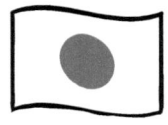

日语
Japonca

我

ben

你

sen

他/她/它

o

我们

biz

你们

siz

他们

onlar

谁？

kim?

什么？

ne?

怎样？

nasıl?

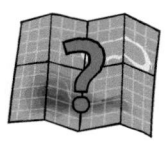

哪里？

nerede?

什么时候？

ne zaman?

名字

isim

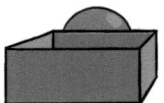

后面
....
arkasında

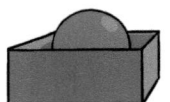

里面
....
içinde

前面
....
önünde

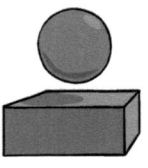

上方
....
üzerinde

上面
....
üstünde

下面
....
altında

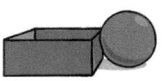

旁边
....
yanında

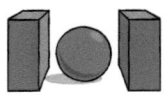

中间
....
arasında

地点
....
yer